# Comment aider mon enfant à ne plus faire pipi au lit?

par Dominique van der Kaa



50MINUTES.fr

## COMMENT AIDER MON ENFANT À NE PLUS FAIRE PIPI AU LIT ?   5

## COMMENT EXPLIQUER LE PHÉNOMÈNE D'ÉNURÉSIE ?   7

**L'énurésie nocturne**

**L'énurésie primaire et secondaire**

**Les causes de l'énurésie**

**Les conséquences de l'énurésie**

## COMMENT AIDER SON ENFANT À NE PLUS MOUILLER SES DRAPS ?   12

**Lui apprendre la propreté efficacement**

**Prendre des mesures à la maison**

## QUAND FAUT-IL FAIRE APPEL À UN PROFESSIONNEL ?   18

**Quel traitement privilégier ?**

## FAQ   24

**Quand apprendre à son enfant à aller sur le petit pot ?**

**Que penser des couches ou des culottes d'apprentissage ?**

**Mon enfant de sept ans fait encore pipi au lit, dois-je m'inquiéter ?**

**Dois-je réveiller mon enfant pendant la nuit pour le conduire aux toilettes ?**

**Que faire si mon enfant doit partir chez un ami ou séjourner en dehors de la maison ?**

**Des examens médicaux sont-ils inévitables lors d'une consultation pour un problème d'énurésie ?**

## POUR ALLER PLUS LOIN   29

# COMMENT AIDER MON ENFANT À NE PLUS FAIRE PIPI AU LIT ?

- **Problématique ?** L'énurésie est un problème qui touche bien plus d'enfants qu'on ne le croit. Bien que sans gravité, elle est souvent mal vécue par l'enfant et ses parents et peut rapidement devenir un facteur de stress et avoir un impact psychosocial important sur l'enfant qui en souffre.
- **Objectifs ?** Comprendre les causes de l'énurésie nocturne et découvrir comment la prendre en charge, et aider son enfant à devenir propre.
- **FAQ ?**
  - Quand apprendre à son enfant à aller sur le petit pot ?
  - Que penser des couches ou des culottes d'apprentissage ?
  - Mon enfant de sept ans fait encore pipi au lit, dois-je m'inquiéter ?
  - Dois-je réveiller mon enfant pendant la nuit pour le conduire aux toilettes ?
  - Que faire si mon enfant doit partir chez un ami ou séjourner en dehors de la maison ?
  - Des examens médicaux sont-ils inévitables lors d'une consultation pour un problème d'énurésie ?

Lorsque l'enfant quitte le stade du nourrisson, vers deux ans, et qu'il a déjà acquis un certain nombre d'aptitudes psychomotrices, son apprentissage de la propreté devient une préoccupation au sein de la famille. En effet, avec son entrée à l'école maternelle quelques mois plus tard, une nouvelle vie sociale se présente à l'enfant et, avec elle, des exigences de propreté. Durant ce processus d'apprentissage, des problèmes d'énurésie font fréquemment surface. Si ce phénomène reste tout à fait normal, l'énurésie devient problématique lorsqu'elle perdure et engendre un mal-être au quotidien, tant pour les enfants que pour les parents. Comment expliquer que son enfant fasse encore pipi au lit alors qu'il devrait être propre depuis longtemps ? Les raisons sont-elles à trouver dans un environnement familial trop strict ? S'agit-il d'un problème physiologique ? Le recours à un professionnel est-il inévitable ? Quelle attitude adopter en tant que parent et quelles habitudes mettre en place pour aider son enfant à ne plus mouiller ses draps ?

En 50 minutes, apprenez comment accompagner efficacement votre enfant dans son acquisition de la propreté, découvrez les causes mais aussi les conséquences de l'énurésie nocturne ainsi que sa prise en charge, que ce soit à la maison ou avec l'aide d'un professionnel de la santé.

# COMMENT EXPLIQUER
# LE PHÉNOMÈNE D'ÉNURÉSIE ?

## L'ÉNURÉSIE NOCTURNE

L'énurésie nocturne, plus connue sous les appellations « faire pipi au lit » ou encore « mouiller ses draps », se définit comme une perte d'urine intermittente, inconsciente et involontaire pendant le sommeil après l'âge de cinq ans. Il est important de préciser que ces pertes urinaires surviennent en dehors de toute affection médicale, neurologique ou psychiatrique.

Si l'acquisition de la propreté diurne est obtenue chez la plupart des enfants vers l'âge de trois ans, avec encore quelques accidents possibles, après cinq ans l'enfant est supposé être propre aussi bien le jour que la nuit, car il parvient désormais à contrôler ses sphincters. On parle donc d'énurésie lorsqu'il ne maîtrise pas sa vessie après l'âge de cinq ans.

De manière générale, l'acquisition de la propreté nocturne est obtenue :

- vers 18 mois chez 2 % des garçons et 6 % des filles ;
- vers 3 ans chez 75 % des garçons et 80 % des filles ;
- vers 5 ans chez 85 à 90 % des enfants ;
- vers 15 ans pour 99 % des enfants. (VALLETEAU DE MOULLIAC (Jérôme), GALLET (Jean-Paul) et CHEVALIER (Bertrand), *Guide pratique de la consultation en pédiatrie*, Paris, Elsevier Masson, 2005)

L'énurésie peut avoir une fréquence très variable : elle peut être régulière ou irrégulière, intermittente avec de longues périodes de propreté ou encore épisodique avec de rares accidents. Elle peut survenir en début de nuit et s'expliquer par un sommeil profond dont l'enfant éprouve des difficultés à sortir et durant lequel il ne sent pas son besoin d'uriner, ou se présenter en fin de nuit et être liée à un relatif trop-plein de la vessie.

## L'ÉNURÉSIE PRIMAIRE ET SECONDAIRE

Il existe deux types d'énurésie en fonction de leur particularité d'apparition : l'énurésie primaire et l'énurésie secondaire.

Dans 80 % des cas, l'énurésie est primaire, c'est-à-dire que l'enfant n'a pratiquement jamais été propre la nuit, et se résout générale-ment d'elle-même avec le temps. Toutefois, si le problème persiste après l'âge normal de l'acquisition de la propreté, il peut être utile de consulter un médecin qui déterminera si l'énurésie est due à un pro-blème physiologique précis et requiert une prise en charge médicale.

L'énurésie est dite secondaire lorsqu'elle survient après une période de propreté complète (nuit et jour) allant de six mois à un an. L'origine de cette régression est à trouver, le plus souvent, dans un événement qui a entraîné un choc émotionnel chez l'enfant.

# LES CAUSES DE L'ÉNURÉSIE

Les causes de l'énurésie primaire sont davantage d'ordre physiologique puisque l'enfant n'est encore jamais parvenu à être propre. L'énurésie secondaire s'explique quant à elle le plus souvent par des causes psychologiques, même si un trouble organique n'est pas exclu.

## L'explication physiologique

Sur base d'une anamnèse (un interrogatoire) et éventuellement d'une analyse d'urine, le médecin décèlera bien souvent chez l'enfant incontinent un problème d'ordre physiologique, qu'il soit fonctionnel ou organique, principalement en cas d'énurésie nocturne primaire. Parmi les plus courants se retrouvent :

- **une vessie immature**. L'enfant ne parvient pas à contrôler son sphincter urétral et à se retenir lorsque le besoin se fait pressant ;
- **une vessie trop petite**. La capacité vésicale est trop restreinte pour contenir l'urine pendant une longue période ;
- **un dérèglement endocrinien**. Chez certains enfants énurétiques, la sécrétion d'ADH (hormone antidiurétique) ne se fait pas correctement. L'organisme a par conséquent des difficultés à réabsorber le liquide, ce qui peut entraîner une polyurie nocturne, un trouble urinaire caractérisé par un besoin anormalement élevé d'uriner ;
- **un sommeil trop profond**. Dans ces cas précis, l'enfant, dont le seuil d'éveil est particulièrement élevé, peine à se réveiller et reste donc endormi, malgré les signaux que lui envoie sa vessie ;
- **une prédisposition génétique**. À l'heure actuelle, des études sont en cours pour identifier des gênes qui pourraient être liés à l'énurésie et pour en déterminer le rôle exact. Les chromosomes 8, 12, 13 et 22 pourraient être concernés ;

- **un trouble organique sous-jacent**. Il arrive que l'énurésie noc-turne soit provoquée par une maladie ou une infection indépendante telle qu'un diabète ou encore une infection urinaire. Cette cause organique particulière peut également s'appliquer à l'énurésie secondaire.



## L'explication psychologique

Outre les facteurs purement physiologiques, l'énurésie, et particu-lièrement l'énurésie secondaire, peut s'expliquer par une cause psy-chologique, un événement marquant qui vient bouleverser l'équilibre quotidien de l'enfant. Dans ces cas précis, il convient d'isoler dans une ligne du temps le moment où le problème d'incontinence a débuté. Il peut s'agir de :

- **un choc émotionnel**. Des enfants qui sont propres depuis long-temps peuvent parfois régresser à la suite d'un événement qui les angoisse, tel que le divorce des parents, la naissance d'un nouvel enfant, un décès, un changement d'école, etc. ;
- **une forme de rébellion**. Si l'acquisition de la propreté a été carac-térisée par des exigences éducatives inadaptées à l'âge ou aux capacités de l'enfant, il peut ressentir le besoin d'exprimer son mécontentement ou sa détresse par le biais de l'incontinence ;
- **un mal-être généralisé**. Un enfant évoluant dans un milieu hostile, violent, tyrannique ou, au contraire, négligent pourra exprimer inconsciemment son malaise et sa peur par l'énuré-sie nocturne.

Dans le cas d'une énurésie primaire, le facteur psychologique peut s'avérer plus compliqué à déceler. Certains spécialistes parlent d'une peur de grandir ou encore d'une manière personnelle de refouler les pulsions sexuelles inconscientes (complexe d'Œdipe), mais aucune étude n'a encore pu prouver scientifiquement ces théories.

## LES CONSÉQUENCES DE L'ÉNURÉSIE

L'énurésie est une pathologie dont les répercussions sur l'enfant sont aussi bien sociales et scolaires que psychologiques. L'enfant énurétique a en effet tendance à s'isoler, à refuser d'aller dormir chez un camarade ou de partir en voyage scolaire par peur de l'humiliation qu'une incontinence nocturne pourrait engendrer. Outre cet impact sur sa vie sociale, il est fort probable que l'enfant développe un manque de confiance en lui et souffre d'une perte d'estime de soi. Son énurésie peut faire naître un profond sentiment de culpabilité, de gêne ou d'impuissance, qui se traduit par de l'angoisse (peur d'être abandonné par ses parents, angoisse quant à son avenir), de l'agressivité voire une tristesse intense et persistante. D'un autre côté, l'enfant peut y voir des bénéfices secondaires qui le maintiennent à l'état de bébé : il reste le centre d'attention de la famille ; il ne doit pas faire sa toilette seul ; il bénéficie de plus de clémence et est davantage choyé, etc.

Mais si l'énurésie est difficile à vivre pour l'enfant, les conséquences sur le reste de la famille ne sont pas à négliger, qu'elles soient financières (lessives, couches, traitements éventuels) ou psychologiques (sentiment de culpabilité des parents, sentiment d'échec éducatif, de gêne et de honte). L'énurésie peut rapidement dégrader la relation parents-enfant et devenir un secret familial qu'il vaut mieux cacher au reste du monde.

# COMMENT AIDER SON ENFANT À NE PLUS MOUILLER SES DRAPS ?

## LUI APPRENDRE LA PROPRETÉ EFFICACEMENT

L'apprentissage de la propreté ne peut s'envisager que lorsque votre enfant a atteint un certain niveau de développement. Avant cela, toute tentative sera vouée à l'échec, car il n'aura tout simplement pas encore acquis la maturation physiologique, psychologique et intellectuelle suffisante. Rien ne sert donc de courir, il faut partir à point.

### La maturation physiologique

La maturation physiologique, qui se met en place généralement vers deux ans, correspond au contrôle volontaire par l'enfant de ses sphincters, des muscles situés à l'entrée de l'anus et de l'urètre dont la contraction et le relâchement sont commandés par le système nerveux central. Le contrôle sphinctérien étant du domaine de la volonté, il est normal que la propreté de jour s'acquière avant celle de nuit.

Durant la première année de vie, le nourrisson a ce que l'on appelle une miction réflexe. Sa vessie est dite infantile ou automatique, c'est-à-dire qu'elle se contracte de façon réflexe dès qu'elle se distend légèrement. À partir de la fin de la première année, l'enfant présente une immaturité vésicale physiologique. S'il a conscience de ses perceptions internes, s'il peut les identifier et les signaler par gestes, il a encore des besoins impérieux. Le stade de maturation commence ensuite progressivement jusqu'au contrôle complet de ses sphincters. À partir de là, l'enfant peut déclencher volontairement la miction ou se retenir. Dans certains cas, l'immaturité vésicale persiste, on parle alors de vessie hyperactive. L'enfant présente des mictions diurnes fréquentes, impérieuses et en petits volumes.

## La maturation psychologique ou affective

Pour être propre, l'enfant doit avoir envie de devenir grand, de s'identifier à l'adulte, de faire comme lui. Cette maturation arrive au moment où il acquiert une certaine autonomie qui lui permet de se séparer plus facilement de l'adulte sans avoir pour autant peur d'être abandonné.



## La maturation intellectuelle

L'enfant doit pouvoir prendre conscience de son besoin et surtout être en mesure de l'exprimer avec des termes simples comme « pipi » ou « caca » afin d'obtenir l'aide d'un adulte. Il doit en outre parvenir à établir une relation logique entre la sensation d'avoir envie de faire ses besoins, le pot et le résultat de la sensation initiale (urine). Il doit donc avoir compris à quoi sert le pot ou les toilettes.

## Les trois étapes de l'apprentissage

L'apprentissage de la propreté passe donc par trois étapes distinctes qui se suivent dans le temps, mais dont l'acquisition peut varier d'un enfant à l'autre.

- L'enfant doit être conscient de ce qui se passe dans son corps : faire pipi ne doit donc plus être un réflexe.

- Il doit également être en mesure de se retenir (contraction volontaire des sphincters) le temps d'arriver aux toilettes, d'enlever sa culotte, etc.
- Il doit décider lui-même d'aller sur le pot et ne plus s'exécuter dans sa couche.

## Quelques conseils pratiques pour y arriver

Sauf pathologie particulière, tous les enfants deviennent propres, en général entre deux et quatre ans. Aucun apprentissage particulier n'est donc indispensable, l'important est de bien accompagner votre enfant et de respecter son rythme de développement. L'enfant pour qui les parents décident tout aura constamment besoin d'une aide extérieure et ne saura pas ce qu'il doit faire s'il n'a pas reçu au préalable des instructions.

Voici quelques pistes pour vous aider :

- faites-le participer au déshabillage, au retrait de la couche sale et laissez-le vous aider pour mettre une couche propre ;
- mettez le pot en évidence et à sa disposition dès qu'il commence à s'y intéresser ;
- encouragez-le à vous avertir quand il a besoin d'aller faire ses besoins ;
- ne lui imposez pas d'heures fixes pour aller sur le pot, mais proposez-lui régulièrement de s'y rendre, car il peut oublier qu'il n'a plus de couche quand il est concentré sur un jeu ;
- mettez-lui des vêtements qu'il peut facilement retirer ; le jour où il décide d'aller seul sur le pot, laissez-le faire même si le risque d'accident existe au début ;
- respectez son intimité ;
- félicitez-le, mais n'insistez pas trop, car le récompenser ou le féliciter à l'excès peut lui faire penser que ses besoins sont un cadeau qu'il fait à l'adulte ;

- demandez-lui, quand il commence à être propre, s'il souhaite ou non mettre une couche pour la sieste et respectez son désir ;
- ne le grondez pas en cas d'accidents, mais dédramatisez-les, car ils peuvent le vexer ou l'humilier.



## PRENDRE DES MESURES À LA MAISON

Si malgré un apprentissage adéquat votre enfant n'est pas propre après avoir atteint l'âge de cinq ans, il peut être utile de prendre un certain nombre de mesures au quotidien pour l'aider à contrôler son énurésie et à la dépasser. Gardez toutefois à l'esprit que votre enfant n'est pas responsable de son incontinence et qu'il est donc primordial de le déculpabiliser et de ne surtout pas le gronder ou l'humilier, au risque de le voir se replier sur lui-même et développer une angoisse et un sentiment de honte.

Pour l'aider au quotidien, adoptez des mesures, des habitudes et des comportements appropriés.

- Encouragez-le à se rendre régulièrement à la toilette au cours de la journée.
- Donnez-lui des quantités de boisson adaptées à son poids en journée et réduites en soirée.
- Ne lui donnez plus rien à boire une heure avant le coucher et évitez les boissons sucrées.

- Régularisez son rythme de sommeil en l'obligeant à aller se coucher de bonne heure.
- Juste avant de le mettre au lit, invitez-le à aller à la toilette. Essayez de l'y faire aller spontanément afin de favoriser son autonomie.
- Ne lui mettez pas de couche, cela peut le dévaloriser, mais aussi l'encourager à se complaire dans la facilité. Adaptez plutôt la literie pour en simplifier l'entretien.
- Placez une veilleuse dans sa chambre pour qu'il puisse se lever facilement durant la nuit s'il ressent un besoin pressant.
- Disposez un pot près de son lit si sa chambre est trop éloignée des toilettes.
- Invitez votre enfant à changer ses draps en cas d'accident pour le responsabiliser. Attention toutefois à ne pas lui donner l'impression qu'il s'agit d'une punition.
- Dédramatisez la situation et discutez-en avec lui sans porter de jugement.



La prise en charge individuelle et personnelle de l'enfant est aussi importante que le traitement médicamenteux ou les essais de conditionnement qu'on peut lui proposer. Il est l'acteur principal de sa guérison. Pour avoir sa collaboration active, il faut prendre le temps de discuter avec lui des moyens que l'on va mettre en place pour résoudre cette énurésie. Une excellente méthode pour l'aider est la création d'un calendrier mictionnel, souvent appelé « calendrier soleil », sur lequel il pourra dessiner un soleil chaque fois qu'il aura passé une nuit au sec. Ce calendrier devient un élément majeur de la prise en charge et de la responsabilisation de l'enfant et semble particulièrement efficace, puisqu'il permet de résoudre le problème dans près de 30 % des cas. De plus, ce calendrier permet de visualiser la fréquence et la répartition des accidents et d'ainsi pouvoir dégager un éventuel schéma répétitif ou isoler un événement particulier qui pourrait expliquer l'énurésie (Mas (Jean-Luc), Figon (Sophie) et Senez (Bruno), « Mon enfant fait encore pipi au lit », in *La revue du praticien. Médecine générale*, n° 670, Saint-Cloud, Global Media Santé, 2004).

Vous pouvez également aider votre enfant grâce à une rééducation mictionnelle. Expliquez-lui la procédure en des termes clairs et faciles à comprendre. Invitez-le à s'arrêter de temps en temps lorsqu'il fait pipi durant la journée afin de bien muscler sa vessie. Ces exercices d'interruption mictionnelle permettront d'augmenter la capacité de rétention vésicale et le contrôle des sphincters de votre enfant au cours de la journée.

# QUAND FAUT-IL FAIRE APPEL À UN PROFESSIONNEL ?

Comme il existe une maturation spontanée et que, dans la majorité des cas, les symptômes disparaissent avec l'âge, la prise en charge de l'énurésie n'est à envisager qu'à partir de l'âge de six ans, dans le cas où elle devient paralysante et gênante aussi bien pour l'enfant que pour les parents. Si vous vous sentez dépassé et que les mesures prises n'ont donné aucun résultat, n'hésitez pas à vous tourner vers un professionnel de la santé qui pourra vous conseiller.

## QUEL TRAITEMENT PRIVILÉGIER ?

Dans tous les cas, que l'énurésie soit primaire ou secondaire, il sera nécessaire d'aller consulter un médecin qui pourra vérifier si ce trouble est d'origine physiologique, psychologique ou s'il cache une autre pathologie organique, et ainsi poser un diagnostic. Lors de ce premier échange, il est crucial que le spécialiste explique à l'enfant le fonctionnement de sa vessie (par exemple à l'aide d'un dessin) et réponde à ses inquiétudes. Par le biais de cette explication, il dédramatise la situation et permet une prise en charge réussie.

Dans le cas où l'énurésie ne représente pas un réel problème pour l'enfant et ses parents, qu'elle n'engendre pas une image négative de soi et qu'elle n'impacte en rien l'enfant au niveau psychosocial, les pédiatres et urologues recommandent d'attendre qu'elle se résolve naturellement.

Gardez également à l'esprit que les traitements, qu'ils soient pharmacologiques ou psychothérapeutiques, seront inutiles si vous ne les associez pas aux mesures comportementales appliquées à la maison.

## Le traitement par conditionnement

Inventé en 1904 par Pfaundler (pédiatre autrichien, 1872-1947) dans le but d'avertir les infirmières lorsque leurs patients mouillaient leurs draps, le système d'alarme sonore a par la suite connu plusieurs modifications. Si Ernst Bieri (inventeur suisse, 1914-2007) retravaille l'idée en 1932, il faut attendre les époux Mowrer pour que le système appelé « pipi-stop » soit utilisé à une plus grande échelle à la fin des années trente. De petites tailles, ces appareils fonctionnant avec des piles se placent dans la culotte de l'enfant et émettent un son strident dès les premières gouttes d'urine. Cette alarme permet à l'enfant de se réveiller, de reprendre le contrôle de la miction et d'aller aux toilettes.

Leur usage est davantage réservé aux plus grands, car il est plus difficile et contraignant pour des enfants âgés de six ou sept ans d'avoir une motivation suffisante pour se lever au beau milieu de la nuit. En outre, le sommeil des plus jeunes est généralement plus profond et ces derniers peuvent dès lors ne pas entendre l'alarme. Puisque la sonnerie est relativement puissante, il est important d'impliquer le reste de la famille dans ce processus afin de ne pas provoquer de frustrations et de conflits. Il sera également impératif de réserver cette solution au domicile familial, l'alarme sonore étant difficilement conciliable avec un voyage scolaire ou une nuit passée chez un ami.

Ce système d'alerte doit être utilisé chaque nuit pendant trois ou quatre mois pour obtenir des résultats probants. L'enfant modifie alors peu à peu son sommeil et s'éveille plus rapidement, ce qui lui permet de contrôler sa miction.

Le taux de succès avec ce système varie fortement d'un échantillon à l'autre et peut, selon les études, avoisiner 50 à 70 % avec un faible taux de rechute (WILHELM-BALS (Alexandra), BIRRAUX (Jacques) et GIRARDIN (Éric), « Troubles mictionnels de l'enfant », in *Paediatrica*, vol. 21, n° 5, Sierre, Société suisse de pédiatrie, 2010).



## Le traitement médicamenteux

Dans certains cas, le recours à un traitement médicamenteux peut s'avérer nécessaire. Toutefois, celui-ci doit être prescrit avec prudence et ne peut perdurer trop longtemps. La principale médication administrée à l'enfant énurétique est la desmopressine, un médicament de synthèse qui reproduit l'action antidiurétique de l'ADH et diminue ainsi le débit urinaire nocturne.

De manière générale, le traitement dure entre un et trois mois, mais il est tout à fait possible de l'utiliser de façon ponctuelle pour prévenir les accidents sur de courtes périodes, comme lors d'un week-end à l'extérieur de la maison ou un voyage scolaire par exemple. Dans les cas où l'énurésie ne s'améliore pas après un mois de prise du médicament, il est inutile de poursuivre le traitement. Si le remède est facile à administrer aux jeunes enfants car il se présente sous forme de spray nasal, son absorption est variable en cas d'infection des voies respiratoires supérieures ou de rhinite allergique. Pour les plus grands, la desmopressine se présente sous forme de comprimés.

Son taux de succès avoisine les 60 à 70 %, mais les rechutes sont fréquentes à l'arrêt du médicament.

En cas d'énurésie rebelle chez l'enfant plus âgé, un traitement par antidépresseur tricyclique peut être envisagé. Toutefois, son mode d'action reste relativement flou et incertain et il convient d'être particulièrement vigilant car les doses prescrites sont proches de celles qui entraînent l'apparition d'effets secondaires tels qu'un changement de personnalité (agressivité, apathie) ou, plus sérieux encore, une arythmie cardiaque ou des convulsions. Le risque de surdose n'étant pas à exclure, une extrême précaution est requise.

Enfin, l'oxybutynine est quant à elle prescrite pour traiter l'immaturité vésicale dans le cas où des troubles mictionnels sont également observables en journée.

## La prise en charge psychologique

Chez le petit enfant, une écoute attentive et un soutien familial adéquat suffisent généralement à mettre un terme à l'énurésie nocturne. Toutefois, certaines situations requièrent un suivi psychologique immédiat. Il est à envisager en cas :

- d'énurésie chez l'adolescent ;
- de répercussion psychologique importante ;
- de trouble associé comme de l'encoprésie (incontinence fécale) ;
- de difficultés scolaires, de troubles du comportement ou de problèmes familiaux.

Dans les cas d'énurésie secondaire persistante engendrée par un trouble affectif, la prise en charge psychologique par un pédopsychiatre peut se révéler particulièrement efficace. Ce dernier tentera, à travers un interrogatoire clinique, de découvrir l'élément déclencheur de l'énurésie nocturne de l'enfant et pourra ensuite entamer un travail de fond psychothérapeutique pour débloquer la situation.

En plus de ces situations particulières, l'échec de tout autre type de traitement peut constituer un motif de bilan psychologique. Le thérapeute commencera par faire connaissance avec l'enfant avant de faire le point sur ses symptômes et son ressenti. Il discutera avec lui de ce qu'il sait sur l'énurésie et de ce qui a déjà été tenté pour résoudre celle-ci. Il informera l'enfant de ce qu'il pense de la situation, de ce qu'il faut changer et mettre en place à la maison. Si l'enfant reste passif par rapport à son énurésie, il fera régulièrement le point avec lui.

## Les traitements parallèles

Si les approches personnelle, psychologique et médicamenteuse sont les plus fréquemment préconisées et utilisées en cas d'énurésie nocturne, certains parents préfèrent se tourner vers des traitements parallèles qui leur semblent plus naturels ou moins invasifs. Parmi les plus connus, citons :

- **la physiothérapie par biofeedback**. La rééducation vésico-sphinctérienne par électrostimulation ou naturellement permet à l'enfant de renforcer ses sphincters et de reprendre le contrôle de son corps. Elle est proposée en première intention en cas d'incontinence diurne. Dans le cas de l'électrostimulation, une petite sonde permet de contracter artificiellement le périnée et d'ainsi le renforcer. Le biofeedback naturel utilise également une sonde, mais uniquement pour enregistrer les contractions du périnée réalisées naturellement et les visualiser sur un écran ;

- **l'électro-acupuncture**. L'acupuncture au laser permettrait de réduire l'occurrence d'incontinence nocturne. Une étude réalisée en 2000 sur un échantillon de 25 enfants âgés entre 7 et 16 ans présentant une énurésie la nuit a démontré qu'après un traitement de huit semaines, l'incontinence de 65 % d'entre eux avait considérablement diminué. (Björkström (G.), Hellström (Anna-Lena) et Andersson (S.), « Electro-acupuncture in the treatment of children with monosymptomatic nocturnal enuresis », in *Scandinavian Journal of Urology and Nephrology*, vol. 1, 2000) ;
- **l'homéopathie et la phytothérapie**. L'utilisation de formules homéopathiques ou de plantes est parfois proposée aux parents désireux de traiter leur enfant naturellement. Toutefois, aucune étude clinique n'a encore scientifiquement prouvé leur efficacité. En outre, il faut tenir compte de la durée de ces traitements particulièrement longue : au moins un an.

# FAQ

## QUAND APPRENDRE À SON ENFANT À ALLER SUR LE PETIT POT ?

Sachez qu'il est tout à fait inutile de vouloir lui apprendre la propreté trop tôt. C'est seulement aux alentours de deux ans que le système nerveux, qui commande les sphincters et donc la vessie, atteint sa maturité. Laissez donc évoluer votre enfant à son rythme et ne vous précipitez pas.

Observez-le, son comportement vous indiquera qu'il est prêt à devenir propre. Est-il conscient de ce qu'il se passe lorsqu'il fait ses besoins ? Est-il dérangé lorsque sa couche est souillée ? Est-il capable d'exprimer son besoin d'aller à la toilette et comprend-il les consignes simples ? Outre ces premiers signes d'une maturation physiologique, si votre enfant est capable de s'asseoir et de se lever sans aide, de retirer sa culotte tout seul et de se retenir quelques heures sans se mouiller – prouvant ainsi que les muscles de sa vessie sont assez développés pour stocker l'urine –, il est prêt à se lancer dans la grande aventure de la propreté et à partir à la découverte du pot.

## QUE PENSER DES COUCHES OU DES CULOTTES D'APPRENTISSAGE ?

Ces couches et culottes d'apprentissage, bien souvent très colorées, sont parfaites en journée et peuvent servir d'intermédiaire entre les couches et les sous-vêtements. Par contre, leur capacité d'absorption est généralement insuffisante pour la nuit, où les accidents sont plus abondants.

Les couches d'apprentissage (*pull-up*), assez similaires aux culottes classiques, sont faites de la même matière que les couches et sont jetables en cas d'accident. Les culottes d'apprentissage sont quant à elles lavables et comprennent une ou deux épaisseurs absorbantes ainsi qu'une couche imperméable. Elles ont toutes les deux l'avantage d'être plus faciles à manipuler par l'enfant, qui peut les baisser et les remonter avec aisance quand il se rend aux toilettes.

Veillez cependant à ne pas prolonger leur utilisation, car elles pourraient retarder l'acquisition de la propreté de votre enfant, ce dernier oubliant d'aller sur le pot en cas de besoin et se complaisant dans la facilité.

## MON ENFANT DE SEPT ANS FAIT ENCORE PIPI AU LIT, DOIS-JE M'INQUIÉTER ?

Alors que l'acquisition de la propreté varie d'un enfant à l'autre ; certains sont propres dès deux ans, d'autres le deviennent vers l'âge de cinq ans sans que cela ne constitue une anomalie. Après cet âge charnière, toutefois, il convient d'être attentif à l'énurésie nocturne afin qu'elle n'engendre pas de problèmes physiques ou psychologiques futurs pour l'enfant.

Avant toute chose, posez-vous la question suivante : votre enfant n'est-il jamais devenu propre (énurésie primaire) ou l'était-il et a-t-il régressé sans que vous ne sachiez pourquoi (énurésie secondaire) ? Tentez de vous remémorer depuis quand votre enfant remouille ses draps. Un événement particulier s'est-il produit à la même période ? Dans tous les cas, n'hésitez pas à consulter votre médecin qui pourra poser un diagnostic, vous expliquer les mesures comportementales à mettre en place à la maison pour aider votre enfant et, éventuellement, vous proposer un traitement plus poussé.

## DOIS-JE RÉVEILLER MON ENFANT PENDANT LA NUIT POUR LE CONDUIRE AUX TOILETTES ?

Non. D'une part, beaucoup d'enfants énurétiques ont un sommeil profond et ont du mal à se réveiller. Cette technique devient donc très vite assez lourde et épuisante pour l'enfant et sa famille. D'autre part, ce réveil nocturne peut rapidement devenir une source de tension et d'angoisse pour votre enfant, qui aura le sentiment d'imposer son problème au reste de la famille. De plus, en le réveillant contre son gré, vous le déresponsabilisez et lui retirez l'opportunité d'être l'acteur de sa guérison. Si elles sont relativement peu utilisées en Europe en raison de leur coût et de l'absence de remboursement, les alarmes sonores placées dans la couche ou le sous-vêtement de votre enfant restent une bonne alternative, car elles le réveilleront dès les premières gouttes d'urine.

## QUE FAIRE SI MON ENFANT DOIT PARTIR CHEZ UN AMI OU SÉJOURNER EN DEHORS DE LA MAISON ?

Le séjour est prévu à l'avance et votre enfant est en âge d'être propre ? Voilà un bon motif pour aller consulter un médecin et débuter un traitement. Si votre petit est encore trop jeune ou que le traitement en cours n'a pas encore donné de résultats, il ne faut pas hésiter à en parler aux adultes qui vont l'accueillir chez eux. Profitez-en pour dédramatiser la situation ; sachez que d'autres parents et d'autres enfants ont connu ou vivent toujours le même problème.

Le stress, même modéré, d'aller dormir hors de la maison peut parfois faire diminuer le problème d'énurésie. Votre enfant est inconsciemment plus alerte dans son sommeil et parvient mieux à contrôler ses sphincters. Malheureusement, l'inverse peut aussi se produire. Le tout est de bien s'organiser et d'en discuter avec les hôtes, mais ne privez surtout pas votre enfant de sorties. Il a lui aussi besoin de relations sociales et affectives.

Pour de courts séjours, sachez que vous pouvez recourir à la desmopressine, un médicament qui permet de diminuer le débit d'urine durant la nuit. Toutefois, n'administrez jamais ce médicament à votre enfant sans en avoir préalablement parlé avec votre médecin.

## DES EXAMENS MÉDICAUX SONT-ILS INÉVITABLES LORS D'UNE CONSULTATION POUR UN PROBLÈME D'ÉNURÉSIE ?

Lorsque vous irez consulter un professionnel pour soigner l'énurésie de votre enfant, ce dernier utilisera deux approches pour établir son diagnostic : l'anamnèse (l'interrogatoire) et l'examen clinique.

Lors de cette anamnèse, le médecin questionne votre enfant dans un premier temps et l'écoute pour connaître son ressenti et sa compréhension du problème. Il interroge ensuite les parents pour s'informer quant à leurs antécédents médicaux, l'histoire familiale et les habitudes de vie de l'enfant.

Ensuite, il procède à un examen clinique sommaire. Les examens complémentaires sont souvent inutiles et ne sont prescrits qu'en cas de suspicion d'une pathologie sous-jacente. Ils consistent en une analyse d'urine, une échographie des voies urinaires et une exploration urodynamique, à savoir un examen de la vessie et de l'urètre pour évaluer leur réaction lorsqu'ils sont soumis à une certaine pression (vessie pleine, toux, rire, etc.).

# POUR ALLER PLUS LOIN

## SOURCES BIBLIOGRAPHIQUES


- ABBAS (Fadwa), « Incontinence urinaire chez l'enfant. 5ᵉ colloque périnatalité/pédiatrie », in *Centre de santé et de services sociaux du Nord de Lanaudière*, Montréal, 2014. http://www.csssnl.qc.ca/Publication/Pages/Colloques.aspx
- BJÖRKSTRÖM (G.), HELLSTRÖM (Anna-Lena) et ANDERSSON (S.), « Electro-acupuncture in the treatment of children with mono-symptomatic nocturnal enuresis », in *Scandinavian Journal of Urology and Nephrology*, vol. 1, 2000.
- BOURRILLON (Antoine), BENOIST (Grégoire) et DELACOURT (Christophe), *Pédiatrie. Réussir les épreuves classantes nationales*, 6ᵉ édition, Paris, Masson, 2014.
- BROCA (Alain de), *Le développement de l'enfant, aspects neuro-psycho-sensoriels*, 4ᵉ édition, Paris, Masson, 2009.
- DEHIN (Robert), « Énurésie », in *Passeportsanté*, 2002. http://www.passeportsante.net/fr/Maux/Problemes/Fiche.aspx?doc=enuresie_pm
- FELDMAN (Mark), « La prise en charge de l'énurésie nocturne primaire », in *Société canadienne de pédiatrie*, 2005. http://www.cps.ca/fr/documents/position/enuresie-nocturne-primaire
- GUIGNARD (Jean-Pierre), « Le génial inventeur suisse du pipi-stop (AntiNass) », in *Paediatrica*, vol. 18, n° 6, Sierre, Société suisse de pédiatrie, 2007. http://www.swiss-paediatrics.org/fr/paediatrica/vol18/n6
- MAS (Jean-Luc), FIGON (Sophie) et SENEZ (Bruno), « Mon enfant fait encore pipi au lit », in *La revue du praticien. Médecine générale*, n° 670, Saint-Cloud, Global Media Santé, 2004.

- Truchis (Chantal de), *L'éveil de votre enfant. Le tout-petit au quotidien*, Paris, Albin Michel, 2009.
- Valleteau de Moulliac (Jérôme), Gallet (Jean-Paul) et Chevalier (Bertrand), *Guide pratique de la consultation en pédiatrie*, Paris, Elsevier Masson, 2005.
- Wilhelm-Bals (Alexandra), Birraux (Jacques) et Girardin (Éric), « Troubles mictionnels de l'enfant », in *Paediatrica*, vol. 21, n° 5, Sierre, Société suisse de pédiatrie, 2010. http://www.swiss-paediatrics.org/fr/paediatrica/vol21/n5

## SOURCES COMPLÉMENTAIRES

### Des livres à lire avec son enfant

- Bawin (Marie-Aline) et Lambilly (Elisabeth de), *Tom fait pipi au lit*, Paris, Mango Jeunesse, 2007.
- Beigel (Christine) et Le Goff (Hervé), *Le Canari qui faisait pipi au nid*, Paris, Gautier Languereau, coll. « Les petites histoires du soir », 2011.
- Floury (Marie-France) et Boisnard (Fabienne), *Petit Lapin Blanc et le pipi au lit*, Paris, Gautier Languereau, 2015.
- Iwamura (Kazuo) et Madokoro (Hisako), *Le petit chat qui se réveillait tout mouillé*, Paris, L'école des loisirs, 2007.
- Naumann-Villemin (Christine) et Oriol (Elsa), *Le Pipi de Barnabé*, Paris, Kaléidoscope, 2010.
- Schneider (Christine) et Pinel (Hervé), *Pipi de nuit*, Paris, Albin Michel, coll. « Panda poche », 2014.
- Ytak (Cathy) et Mathy (Vincent), *Petits ruisseaux*, Paris, Sarbacane, 2011.

Éditeur responsable : Lemaitre Publishing
Avenue de la Couronne 382 | B-1050 Bruxelles
info@lemaitre-editions.com

ISBN ebook : 978-2-8062-7612-4
ISBN papier : 978-2-8062-7613-1
Dépôt légal : D/2016/12603/43
Photo de couverture : © dalaprod – Fotolia.com.